SYLVIA TREUDL UND BARBARA NEUWIRTH

DIE LIEBE IST EIN GRÜNER WASCHTROG

Ein letzter Versuch über die Ehre der Männer

Mit einem Nachwort von Werner Herbst
und Gerhard Jaschke

PHASETTEN 18
Wiener Frauenverlag

Gedruckt mit freundlicher Förderung durch das BMWFK, die Kulturabteilung des Landes Niederösterreich und die Kulturabteilung der Stadt Wien

Die Deutsche Bibliothek – CIP-Einheitsaufnahme

Treudl, Sylvia:
Die Liebe ist ein grüner Waschtrog : ein letzter Versuch über die Ehre der Männer / Sylvia Treudl ; Barbara Neuwirth. –
Wien : Wiener Frauenverl., 1996
(Phasetten ; 18)
ISBN 3-85286-024-5
NE: Neuwirth, Barbara:; GT

Umschlaggestaltung und Illustrationen: Birgitta Heiskel
Lektorat und Buchgestaltung: Barbara Neuwirth
Satz: TextDesign GesmbH, Klagenfurt/Celovec;
technische Beratung: Peter Wieser
Druck: Wiener Verlag, Himberg;
technische Beratung: Rudolf Leonardelli

ISBN 3-85286-024-5

Herausgeberin der Reihe PHASETTEN: Brigitte Drexler

Abstract

Die Abhandlung beginnt mit einer Einführung in die Thematik und einer kurzen Erläuterung, warum die Liebe mit einem grünen Waschtrog gleichgesetzt werden kann. Es folgt ein kulturhistorischer Abriß der Geschichte des Troges mit Beispielen aus der Antike, des Mittelalters und der Neuzeit sowie volkskundlichen Hinweisen. Das Wesen der Liebe wird erklärt. Anhand eines Stückes moderner Literatur wird die Bedeutung der Liebesvorstellung im menschlichen Leben interpretiert und daraus eine Reihe praktischer Tips für das erfolgreiche Agieren in Liebesangelegenheiten entwickelt. Die Farbe Grün wird in ihrer ganzen gegensätzlichen Bedeutungsstruktur aufgeblättert, wobei Konzepte von Kultur und Natur, gekoppelt an Geschlechterideologien, betrachtet werden. Abschließend ergibt sich aus der Frage von Systemzusammenbrüchen ein Exkurs zur Ehre der Männer, der mit einem provokanten Ergebnis endet.

Die Liebe ist ein grüner Waschtrog. Warum auch nicht. Oder: was sollte sie sonst sein? Oder anders gefragt: ist nicht ein Waschtrog ein sehr viel plausiblerer Versuch der Faßbarmachung eines ohnehin seltsamen Phänomens als zum Beispiel die ausgelutschte Metapher von der Himmelsmacht?

„Himmelsmacht“ – wenn das nicht nach repressivem Okkultismus klingt! Oder nehmen wir die stümperhaften Versuche der Naturwissenschaften in Augenschein. Was da alles herumgedeutelt wird, an chemischen Reaktionen, an Drüsenfunktionen, ja auch physikalische Prinzipien werden bemüht – denken Sie einfach an das Gesetz der Schwerkraft, wenn Ihnen sonst nichts einfällt aus den längst vergangenen Tagen des einschlägigen Unterrichtes. Und wenn Ihnen das immer noch zu hoch ist, versuchen Sie es mit der Fliehkraft. Diesem Prinzip kann im Zusammenhang mit dem Thema „Liebe“ zweifelsohne eine gewisse Gültigkeit attestiert werden. Aber als Erklärung zum Wesen der Liebe ist all das natürlich völlig untauglich.

Wir bleiben dabei – die Liebe ist ein grüner Waschtrog!

Lassen Sie der freien Assoziation die Zügel schießen – und Sie werden nicht umhin können, uns in unserer Meinung zu bestätigen!
„Grün" – das ist die Farbe der Hoffnung, des Frühlings, des Frühsommers, der Galle, des Kochsalates, des Ölanstrichs in der Pathologie. In sinnhafte Konnotation mit der „Liebe" gebracht, haben all diese Dinge eng, sehr eng mit ihr zu tun.
Endlich soll Schluß gemacht werden (und es ist höchst an der Zeit, vertrauen Sie unsrer Einschätzung, denn wir haben den Finger so fest am Puls des Zeitgeistes, daß es dem manchmal ganz heiß wird), also, endlich soll Schluß gemacht werden mit Fehlinformationen, bewußten Lügen, bewußtlosen Halbwahrheiten und begleitendem Schwachsinn, der uns über Literatur, Theater, den Schlager, die Medien, die Glasfabrikanten, Bestattungsunternehmer, Motorradhändler und viele andere Sparten von Kunst und Gewerbe vors liebesdurstige Herz gegaukelt werden.

Ein „grüner Waschtrog" – das ist der Inbegriff lustvoller Erfüllung, launig-vollmundigen, glücklichen Erlebens!
Abgekoppelt von falschen Erwartungen, Projektionen, Schuldzuweisungen und Enttäuschungen,

steht er völlig unabhängig in der blühenden Wiese menschlichen Seins und *ist*.

Ist grün und ist ein Waschtrog, dem nach dem reinigenden Prozeß, den er schmutziger Wäsche angedeihen läßt, glitzernde, fröhliche Seifenblasen entsteigen. Ist ein Gefäß der Freude – und nimmt mit dieser Befindlichkeit eine schwere Last von den Frauen.

Lassen Sie sich fallen in ein Bad voll schmeichelnder Schaumschlägerei und mancherlei Überraschungen.

Die Liebe ist ein grüner Waschtrog – quod erat demonstrandum.

Gleich in medias res. Doch halt:

Zur Einstimmung nun noch etwas Lyrik, damit Sie nicht allzu abrupt von Ihren Lieblingsklischees Abschied nehmen müssen, denn in weltumspannender Einigkeit, wie sie nur globalen Irrtümern innewohnen kann, wird die Lüüübe in engem Zusammenhang mit dem Gedüüücht zitiert:

Zwei Knaben saßen auf
GRÜNEN Kübeln
und kamen sofort ins Grübeln.

Der eine grübelte zu hastig
der and're Kübel war aus Plastik.

Wenn wir nun schon den Nerv haben, uns dem onomatopoetischen Reiz zu entziehen, der geradezu penetrant augenfällig ist in seiner Koppelung an den Umlaut Ü, so kann anhand des eben zitierten Beispiels doch der Konnex zwischen den Begriffen GRÜN und KÜBEL keinesfalls außer acht gelassen werden.
Kulturhistorisch betrachtet, ist der Kübel der direkte Vorläufer des Troges, also quasi der Ahnl vom Irschl.
In seiner flexiblen Eigenschaft als transportables Gut leistete der Kübel schon den Gesellschaften der Jäger und Sammlerinnen wertvolle Dienste und wurde in erster Linie zum Wasserholen verwendet. Mit dem Element Wasser als zentrale Metapher für Leben und Liebe kam dem Kübel als Behältnis eine bislang weitgehend bis gänzlich unterschätzte Stellung als Kultobjekt zu. Diese These im Rahmen unserer tiefschürfenden Forschungen können auch Sie ganz leicht überprüfen, wenn Sie sich ein paar Basisdaten aus Ihrer hoffentlich vorhandenen Allgemeinbildung ins Gedächtnis rufen. Denken Sie an archäologische Funde aus der Antike: Tonscher-

ben aus Griechenland: Kübelfragmente; Amphoren: Kübel pur; ägyptische Grabbeigaben: Kübel,

wohin das historisch geschulte Auge blickt. Einer bislang noch nicht vollständig untermauerten Arbeitshypothese zufolge ist es auch durchaus wahrscheinlich, daß vor der Sphinx urspünglich ein überdimensionaler Kübel stand – als Fruchtbarkeitssymbol in der Wüste. Es ist denkbar, daß Grabräuber auf ihren Beutezügen diesem wertvollen Symbol nicht widerstehen konnten und daß die Sphinx aus schierer Empörung über den frechen Raub einen Teil ihrer Nase eingebüßt hat.
Soweit dieser kleine bildungspolitische Exkurs in die Grundlagenforschung des Kübels.
Diese Information erhielten Sie deshalb, weil sonst die Entwicklungsgeschichte des Troges nicht ohne weiteres nachvollziehbar ist. Außerdem sollten Sie bedenken, daß auch im heute gebräuchlichen Sprachschatz der Kübel omnipräsent ist; vor allem

in der Wachau wird z. B. der Begriff des „Kübelns" gerne und häufig verwendet.
Als die nomadisierenden Kulturen seßhaft wurden, bot es sich sozusagen an, den Kübel fix zu installieren, der Trog, der den Kübel natürlich nie vollständig ablöste, wurde zusätzlich eingeführt. Wie häufig bei Kultobjekten beobachtet werden kann, erfuhr auch der Trog im Laufe der Jahrhunderte eine Profanisierung, wurde als Brunnentrog, Sautrog (Irschel), schließlich als Waschtrog zur Anwendung gebracht. Aber selbst im Zuge dieser Entwicklung blieb ihm stets etwas Mystisches anhaftend – denken Sie zum Beispiel nur an die Badewanne – klassische Fortführung des Trogmotives

zu Reinigungszwecken – die vor allem im vergangenen Jahrhundert häufig auf Löwenpranken ruhte – womit ein absolut schlüssiger Rekurs zur Sphinxtheorie hergestellt werden kann.

Um noch einen Moment bei der klassischen Formenlehre zu verweilen, möchten wir kurzerhand den kühnen Sprung von der Wanne zum Sarg tätigen, der von seiner Gestaltung her einen weiteren Vergleich geradezu aufdrängt; vor allem wenn wir ihn in der sattsam bekannten Koppelung mit dem Liebesmotiv der Dracula-Legende zitieren. Der meist steinerne Sarkophag des durstigen Grafen mag ursprünglich durchaus eine Wanne gewesen sein, die dann aus Gründen des vampirösen Lebensstiles mit einem Deckel versehen wurde. Wir sehen also, daß auch in literarischen Genres, in denen es nicht unbedingt von vorneherein zu vermuten ist, dem Trogmotiv durchaus – und berechtigterweise – Achtung gezollt wird. Die Verklausulierung (Wanne/Sarg) hat mit dem etwas überzogenen

Anspruch auf dramatische Überhöhung zu tun, der leider häufig in der Literatur festgestellt werden

muß und wissenschaftlich natürlich als irrelevant vernachlässigt werden kann. Um einer breitenwirksamen Poeterei das Wort zu reden, waren und sind Schriftsteller ja stets bereit, die Tatsachen mit der Patina verquerer Eloquenz zu überziehen, die leider zu Mißverständnissen führen kann. So wäre z. B. auch im Rahmen einer gründlichen Quellenanalyse nachzuprüfen, ob es sich in Kleists berühmtem Lustspiel „Der zerbrochene Krug“ nicht

wahrscheinlicher um einen Kübel als Stein des Anstoßes handelt. Lediglich Autoren wie Stanisław Lem, der bezeichnenderweise Vertreter der Science Fiction ist, haben fallweise den Mut, Farbe zu bekennen, ich erinnere bei dieser Gelegenheit an sein brillantes Buch „Memoiren, gefunden in der Badewanne“.

Nun aber genug der Grundlagenforschung zu den Bereichen Kübel respektive Trog.
Greifen wir hinein ins volle Leben, schlagen wir den Bogen zu unserer Basisübereinkunft: die Liebe ist ein grüner Waschtrog.

Zum Wesen der Liebe haben sich Dichter und Denker geäußert, seit das Wort ist, seit Schrift existiert. Auch die weibliche Hälfte der Menschheit hat immer wieder versucht, ihren – naturgegebenermaßen bescheideneren – Beitrag zu leisten, was die Denkarbeit zum Thema anlangt. Es hat sich allerdings über die Jahrtausende hinweg von selbst, respektive durch die akribische Forschung des Mannes – von Adam bis Zarathustra – bewiesen, daß der Frau im Liebeskontext eher die Rolle der Muse, des Objektes im positiven Sinne zukommt. Die Liebe in Wort und Bild zu ihrem maienblütengleichen Image zu stilisieren, haben Männer in unermüdlichem Eifer auf sich genommen.
Die praktische Seite derselben Medaille wird allerdings auf jene umverteilt, die stets „mitgemeint" sind.
Es mag auf den ersten Blick etwas verwundern, daß gerade die Frauen, denen im allgemeinen ja eher jegliche Praxisnähe, zu welchem Aspekt des

Lebens auch immer, abgesprochen wird, in der Liebe doch einen nicht unwesentlichen pragmatischen Part zugesprochen bekommen.

Frauen mühen sich mit der Beziehungsarbeit, die in den meisten Fällen, nach dem Abklingen der ersten geistigen und hormonellen Verstörungen beim Liebes- bzw. Verliebtheitsanfall, bitter nötig wird, um das Leben auch zu zweit aushalten zu können.

Frauen laufen zu wahrer Größe auf, wenn es gilt, eine Beziehung zu analysieren, sich über Ursache und Struktur von Problemen den Kopf zu zerbrechen, bevor sie den breakdown der Liebe zulassen. (Daß sie fallweise selber im Zuge ihrer einsamen Schufterei zerbrechen, muß als bedauerlich registriert werden, ist aber genauso üblich wie die Verluste in jeder anderen Schlacht.)

„In the name of love" wird die Brut großgezogen, das Zweitauto verdient, die 47. Diät angegangen – und der Waschtrog wird wörtlich genommen – in der oft irrigen Annahme, daß ausschließlich diejenige, welche die Unterhosen wäscht, die Hand am Schwanz hat.

Womit ein weiteres Stichwort endlich gefallen wäre, sozusagen ein *pars pro toto*, denn im rastlosen Bestreben, hinter die Kulissen des Mysteriums

„Liebe" zu blicken, kann auch die Problematik der Sexualität nicht ausgelassen werden, darf im Dunstkreis des Seifenschaums nicht zurückbleiben.

Auch in diesem Bereich gilt die These eines berühmten Philosophen – die Namensnennung würde den Anspruch auf Allgemeinbildung beleidigen –, der durch sein metaphysisches Motto zu Unsterblichkeit gelangte: *Jede Verallgemeinerung ist prinzipiell dumm*.

Halten Sie sich, gerade in sensiblen Belangen, vor allem aber, wenn es um Liebe, Erotik, Begehren und Sexualität geht, an diese These. Unterstützend, durchaus als Mantra zu gebrauchen, ist auch der Satz: *Don't judge a book by it's cover* – im Grunde nur eine zeitgenössische Fortsetzung des bekannten Ausspruches der Tante Jolesch, in dem sie tiefschürfend feststellt, daß „a Mann, was schener wie a Aff is", Luxus wäre.

Sie merken bereits, es geht um Kernpunkte. Sexualität und ihre Randerscheinungen (siehe oben) haben, zumindest am Anfang, mit Affektion zu tun. Nicht unwesentlich beteiligt an der vice versa stattfindenden Hormon- und Speichelproduktion ist die Optik. Das Gegenüber wird erst einmal über das Sehen wahrgenommen.

Natürlich kann es im Laufe längerfristiger Beziehungsexperimente zu dem Phänomen kommen, daß sich die Beteiligten – vorzugsweise in Krisensituationen – fragen, warum sie ihren Augenarzt nicht regelmäßiger aufgesucht haben bzw. ob rechtliche Schritte gegen ihn in Erwägung zu ziehen wären, weil er seiner Obsorge- und Informationspflicht nicht genügend nachgekommen ist und niemals von einem evidenten Sehfehler gesprochen hat.
Obschon müßig, soll es an dieser Stelle doch nicht unterbleiben, das klassische Zitat „Drum prüfe, wer sich ewig bindet" anzubringen. Der Qualität "ewig" darf zwar lediglich symbolischer Charakter zuerkannt werden in unserer schnellebigen Zeit, aber auch zwei, drei Jahre können ganz schön quälen, wenn sich herausstellt, daß man/frau sich – lediglich aus dem nicht eingestandenen horror vacui heraus – anstatt dem missing only one dem missing link (zu deutsch: die Verheiratte) verbunden hat.
Sic transit gloria amoris.

Beziehungsratgeber vermerken gerne in fetten Versalien, daß bestimmte Basisübereinkünfte im Liebeszusammenhang unerläßlich wären. Dazu zählt u.a. die Empfehlung: *Fordern Sie nichts Unmögliches.* Beherzigen Sie diese sinnvolle Anmerkung VOR ALLEM im Bereich der Bettkante.

Es ist wichtig, sich der Realität zu stellen, wenn das Leben und halbwegs zufriedenstellende intime Begegnungen gelingen sollen.

Über gewisse ernüchternde Basistatsachen läßt sich zwar gut hinwegsehen in mannigfaltiger Form (Escapismus jeder möglichen Prägung, Lüge, Wahrnehmungsverweigerung, Vogel-Strauß-Politik sind nur ein paar der gängigen Methoden), es läßt sich aber kaum drüber hinwegleben.

Die Entscheidung für ein Magengeschwür, Hämorrhoiden, Impotenz/Frigidität oder für einen offensiven Umgang mit dem Leben allgemein und Sex im besonderen, ist dem Individuum überlassen.

Sie müssen es ja nicht gleich zugeben, daß Sie längst wissen, was Sache ist und warum nichts läuft, aber es wäre ganz günstig, wenn es Ihnen selbst, in ihren kleinen, privaten Momenten klar wäre.

Es ist nicht zu rütteln an der Tatsache, daß in der Liebe ähnliche Mechanismen herrschen wie im ganz normalen Leben.

Sie entkommen in keinem Falle. Weder den Krite-

rien der Freien Marktwirtschaft, die sich an Angebot und Nachfrage orientieren, nicht den Mühen der Ebene, und schon gar nicht dem Anspruch, stets fit, vital und ewig jung sein zu müssen. Gehen Sie entspannt und positiv mit diesen Anforderungsprofilen um, alt werden Sie ganz von alleine.
Und noch etwas: BITTE machen Sie NIEMALS den Fehler, Liebe und Sexualität zu vermengen – Sie begeben sich auf die fatale Ebene, die Quadratur des Kreises zu versuchen. Nur weil etwas gängig ist, muß es noch lange nicht wahr sein. Die Liebe als Begrifflichkeit ist schon Krempel genug, der ein Leben lang gewendet wird wie der Fisch vom Waschbären. Daran haben Sie sowieso genug zu nagen. Versteigen Sie sich nicht auch noch zu selbstüberschätzenden Fährnissen, indem Sie meinen, das eine mit dem anderen verquicken zu können, das eine durch das andere gar ERHALTEN zu können. Das ist, und es muß schonungslos formuliert werden, völlig daneben.
Liebe und Sexualität haben miteinander nicht das geringste zu tun.
Ohne *an dieser* Stelle auf einen platten Darwinismus hereinzufallen, soll trotzdem die Frage gestellt werden, ob Sie schon einmal von einem Stier gehört haben, der der besprungenen Kuh Blumen

geschenkt hätte. Und genau in diesem – zugegeben etwas derben – Bild haben Sie alle wesentlichen Klischees versammelt, auf die Sie ja so scharf sind: der Stier als Metapher, die hoffentlich nicht weiter decodiert werden muß, die Kuh detto, und schließlich noch die unerträgliche Paarung der Begriffe Blumen/Liebe.

Wie immer im Leben müssen Sie sich entscheiden: entweder für einen grünen Waschtrog (mannigfaltige Möglichkeiten tun sich dann auf) oder für Sex. Was sich dabei auftut, ist abhängig von der Situationskomik und Ihrem Temperament. Die physische Ausstattung der Kontrahenten sollte nicht völlig unberücksichtigt bleiben, allerdings sei der Einwurf gestattet, daß jemand, der ein großes Auto hat, noch lange kein guter Fahrer sein muß.

Bei der Liebe können Sie sich noch lang und breit was vormachen, beim Sex hat der Spaß ein Ende: das ist knallharte Konfrontation.

Entweder Sie halten das aus – oder Sie lassen es gleich bleiben.

Versuchen wir nun, da ja sogar der Selbstbetrug manchmal ein Ende hat, uns dem Phänomen „Liebe" über den Umweg von Versatzstücken zu nähern.

Mich trog der Liebe wilde Macht
und grüner Hoffnung sanfter Glanz
entschwand aus meinem Leben

So lautet ein berühmter Vers der postmodernen Weltliteratur. Pointierter könnten selbst wir es nicht zusammenfassen. Natürlich darf im Rahmen unserer Abhandlung der dramatische Aspekt der inhaltlichen Aussage nicht vordergründig behandelt werden. In dem zweieinhalbminütigen Dreiakter, einer nonverbalen Farce noire für 100 Darsteller und 1 blindes Kamel, geht es um den

mißglückten Versuch zum Freitod eines nicht subventionierten Autors, der nicht etwa aus Geldmangel verzweifelt, sondern gegen die Ignoranz der Gesellschaft protestieren möchte, die ihn zwar als Schriftsteller feiert, seine Begabung als Origami-Performancekünstler aber in keiner Weise zur Kenntnis nimmt. In der ergreifenden Hauptsequenz des Stückes meditiert der Held, flankiert von 99 Origamifröschen aus Metallfolie, vor seinem zukünftigen Grab. Seine vermeintliche letzte Ruhestätte wird von einer monumentalen Andy-Warhol-Büste gekrönt, die eine riesige Cola-Dose schützend über die Grube hält.

In die Dose ist der oben zitierte Satz als Epitaph graviert.

In Wahrheit – und diese enthüllt die Inschrift in brillanter, hintergründiger Weise – ist der Autor natürlich weder von der für ihn zuständigen ministerialen Förderungsabteilung, noch von der Öffentlichkeit enttäuscht, sondern – und wir kommen zum Kern – er ist frustriert, weil seine Angebetete ihn nicht mehr zu lieben scheint und ihre Freizeit auf dem Rübenacker eines Waldviertler Alternativbauernhof-Projektes verbringt. In letzter Sekunde, als der tragisch Irrende bereits einen rasiermesserscharfen Metallfolien-Froschschenkel an seine Pulsadern setzt, kehrt die Geliebte aber zu ihm zurück und bringt ihm ein Büschel Karotten. Vorhang.

Abgesehen von dem Feuerwerk an Metaphern und subtilen Hinweisen auf gesellschaftspolitische

Probleme, die das Stück versprüht, geht es natürlich eigentlich um die Liebe. Und um die geradzu augenfällig lebensspendende, ja lebensrettende Funktion derselben.
Natürlich – und dies ist der lobenswert selbstkritische Aspekt, den der Autor hier einbringt, darf nicht übersehen werden, daß die dramatische Geste, die er setzt, auch ein Moment der Erpressung beinhalten könnte. Was, wenn der Killerfrosch zum Einsatz gekommen wäre – zweifelsohne wäre die weibliche Hauptperson mit Schuldgefühlen zurückgeblieben, vielleicht hätte sich ein Folgedrama entwickelt.
Und hier sind wir bereits bei einem weiteren Zentralproblem des Komplexes „Liebe" angelangt – und zwar bei einem heiklen.

Wie auch die vorhin zitierte Grab- bzw. Doseninschrift bildhaft dokumentiert, geht es häufig um die Verknüpfung heftiger negativer Emotionen wie Enttäuschung, Eifersucht, Schuld usw. mit dem positiven Kontrapunkt Liebe. Das daraus resultierende Spannungsfeld ist der Bodensatz, in dem die Literatur, das Leben, der Durchschnittsmensch nach Liebesgeschichten wühlt wie die Sau nach den Trüffeln.
Im krassen Gegensatz zu der tatsächlichen Befindlichkeit, in der das Individuum in einer absurd gegenläufigen Bewegung krampfhaft versucht, tagtäglich sein Herz zu verlieren und gleichzeitig ein passendes Fremdorgan zu finden, stehen klischierte Versprechungen, die die Liebe zum ewigen Mai stilisieren. Denken Sie an die klimatischen Verhältnisse im vergangenen Mai, und Sie werden sofort verstehen, daß darauf hereinzufallen mit Frostbeulen enden kann.
Faktum ist, daß der Mensch den kongenialen Partner, die ultimative Partnerin sucht. Quelle aller Mißverständnisse, sieht man einmal vom Phänomen Sprache ab. Die österreichische Variante zum Thema Adam und Eva lautet „Zwei Herzen im Dreivierteltakt" und wir fragen Sie, was machen die Unmusikalischen und die Doppellinksfüßler?

Gequält von Normen, die sich als Empfehlungen und Hilfen tarnen, taumelt das Individuum durch seine ersten Erfahrungen, ist mangels Erfahrung an Erfahrung unfähig, die Spreu vom Weizen zu trennen, und macht in der Folge gnadenlos da weiter, wo schon die ersten Kardinalfehler ihre unheildräuenden Schatten vorauswerfen. Irgendwann hält mensch es für Liebe, wenn es nach schlaflosen Nächten durch die nächste Meinl-Filiale torkelt, um Frühstück zu besorgen.
Rat und Hilfe von Freunden und Freundinnen, die zwar in dem Bereich meist auch nicht besser Bescheid wissen, aber entweder gerade ihre 37. ewige Liebe gefunden haben oder noch schlechter dran sind – beide Varianten sorgen für gesunde Distanz – könnten der Suche nach Fehlerquellen dienlich sein. Selbstverständlich nur, solange die Quellensuche sich auf das Objekt der Begierde bezieht.
Da aber auch die Kommunikation zwischen Menschen immer mehr in den Bereich der Naturwissenschaft und Technik abdriftet, also zwischen Schwarzen Löchern und Virtual Games am Computer angesiedelt ist, kann es dann durchaus als Konfliktlösung angesehen werden, sich ein neues Auto anzuschaffen, wenn gar nichts mehr geht: schließlich gibt es Autos, die wie ein Freund sind.

Wir sehen also, sobald wir den Themenkomplex „Liebe" ein wenig aus der undifferenzierten Darstellung der Gebrüder Grimm und verwandter Ideologen herauslösen, wird es schwierig. Vor allem dann, wenn das passiert, was Märchen, Werbung, öffentlich-rechtliche Einrichtungen, Scharfrichteramtsanwärter und überhaupt alle tunlichst rechtzeitig ausblenden: wenn Herz und Herz sich finden, der Rest der Anatomie nur mehr in der südlichen Hemisphäre Bedeutung hat und die Hirnströme einem Neurologen berechtigt angst machen würden, derart knapp an der Nullinie entlang. Ja, dann.

Dann wird's euphorisch. Und dann wird's irgendwann entweder aus oder kompliziert.

Und dann, allerspätestens dann, sollten Sie die Anschaffung eines Waschtroges ventilieren.

Ungestraft läßt es sich da schaumschlagen, Seifenblasen platzen lassen, untertauchen, nach Bedarf lauwarm, kühl oder recht hitzig sein; es ist erlaubt, stumpfsinnig vor sich hinzusuhlen, mit den Zehen zu wackeln, ohne zu begründen; zu blubbern und zu pritscheln, man kann sich sogar den Arsch kratzen, ohne Anstand zu erregen – außer bei der Gummiente. Stellen Sie zwei Waschtröge nebeneinander auf, wenn Ihnen danach zumute

ist, oder schmollen Sie vergnügt allein in Ihrem Zimmer, wenn eher das angesagt ist.
Wenn das nicht das Paradies ist ...
Natürlich läßt sich von dieser Position aus leicht glücklich sein, und wenn Sie sich zu unserer Sicht der Dinge aufraffen können, werden Sie's leichter haben im Leben.

Wenn nicht, vergegenwärtigen Sie sich die andere Seite, die die angeblich normale, weil usancemäßig praktizierte ist. Und die sieht so aus:
Es ist nicht gut, daß der Mensch allein sei, heißt es in einem gern bemühten Allgemeinplatz. Ob es allerdings möglich ist, mit der Person Luft zu bekommen, ohne die man vorher nicht atmen konnte, ist erst überprüfbar, wenn man schon zum inner circle gehört: *welcome to the club.*
Da hat er es dann. Da hat sie es dann. Da haben sie

es dann, weit davon entfernt, einander zu haben, außer auf der Ebene der Biestereien.
Um Ihnen die volle Härte des Geschehens sinnlich nachvollziehbar zu machen, halten wir uns in diesem Abschnitt nicht mit Fallbeispielen aus der Literatur oder Interpretationen auf, sondern geben Ihnen gleich Tips für diese Realität, die Ihnen das Mark in den Knochen gruseln lassen sollen.
Ohne Befähigungsnachweis, Abendschule, ja selbst ohne einen Funken Ahnung über die rein handwerklichen Grundvoraussetzungen stürzen sich täglich, stündlich, jetzt in diesem Augenblick, in dem Sie hier sitzen und meinen, das alles wäre ein großer Witz, Menschen in den Rachen des Raubtiers Liebe. Nehmen Sie Abstand von all den Kitschpostkartenallegorien, mit denen Sie ein Leben lang gefüttert wurden, blicken Sie der Bestie ins Blecken und seien Sie nicht blauäugig, sondern mutig. So, und nur so, haben Sie eine Chance zu überleben.
Seien Sie klar in Ihren Wunschvorstellungen, formulieren Sie geradlinig z.B.: „Entweder du liebst mich, oder du kannst mich gern haben."
Richten Sie sich schon beim Aufwachen nicht auf zärtliches Getänzel in den Tag, sondern auf Kampf ein. Seien Sie bereit, das hält in Spannung und ist

ein Querschläger für Überraschungsangriffe nach dem Motto: was ich dir gestern abend noch vergessen habe vorzuwerfen …

Gründen Sie Parteien, je nachdem, ob Sie ein konservativer oder eher fortschrittlicher Typ sind, als Kaffeekränzchen oder Frauengruppe, bzw. als Kegelbruderschaft oder Männergruppe getarnt.

Wenn Sie Ihre Hausmacht fest um sich geschart haben, können Sie an Tagen, an denen Ihnen die Kraft ausgeht, diese stellvertretend aufeinanderhetzen.

Bleiben Sie nichts schuldig, üben Sie Rache.

Wenn Ihr Mann sich gerade emanzipiert und stricken lernt, ziehen Sie ihm heimlich die Nadeln aus seinem Zopfmustertopflappen.

Wenn Ihre Frau sich gerade von Rollenklischees befreit, stehen Sie mit dem Erste-Hilfe-Koffer daneben, wenn sie einen Nagel in die Wand schlagen will.

Wenn Sie ohnehin in den alten Schienen vor sich hinleben, brauchen Sie gewiß keine detaillierteren Angaben, da können Sie, wenn Sie Lust haben, Ihre Kreativität bemühen und überlegen, wie Sie das, was ohnehin läuft, verfeinern könnten, um einander wenigstens *elegant* in den Wahnsinn zu treiben.

Aber egal, für welche Variante des unerquicklichen Zusammenseins sie sich entschieden haben, für jede gilt: Kontrollieren Sie. Immer und alles und überall. Wenn er nachts heimlich aufsteht, ganz verstohlen, angeblich, um Sie nicht zu wecken, schauen Sie in jedem Fall nach, ob er wirklich harmlos am Klo sitzt.

Wenn sie zu ihrer üblichen Damensauna geht, erkundigen Sie sich diskret über den Lebenswandel des Bademeisters. Und so weiter.

Noch viel weiter.

Für die ganz Subtilen gilt noch die Empfehlung, mit psychologisch ausgefeilten bis abgefeimten Methoden zu arbeiten: So können Sie zum Beispiel die Wände Ihres Schlafzimmers in eine Art Abteilung des Politbüros der KP verwandeln und mit der bewährten Methode „Fotos rauf, Fotos runter" der momentanen Schräglage des Haussegens Ausdruck verleihen – alt und etwas antagonistisch, diese Variante, aber gut. Allerdings nur wirkungsvoll, wenn das Opfer dieser Anschläge wenigstens halbwegs sensibel ist. Hat man/frau mit der personifizierten Ignoranz zu tun, die sich oftmals in sprichwörtlicher Kurzsichtigkeit äußert, greift man/frau vielleicht besser zu fingierten Anrufen – Stichwort Telefonterror.

Wenn Sie meinen, daß dieser kleine Exkurs in die Abgründe des ganz normalen Alltags übertrieben sei, dann sehen Sie sich in Ihrer Umgebung um. Denn daß auf Sie das alles nicht zutrifft, ist klar.

Es ist möglich, daß Sie, wenn Sie unseren Ausführungen bis hierher folgen konnten, nun deutlich Ihre Ratlosigkeit, was es denn mit dem Grün auf sich habe, spüren. Daß es eine Bedeutung hat, dämmerte allen, die nicht nur Kindergarten und Volksschule, sondern jegliche Art weiterbildender Erziehung genossen haben – vor allem aber eine Hochschulausbildung, bei der schon im ersten Proseminar trainiert wird, maximale Information in maximaler Verdichtung und maximaler origineller Verkleidung auf den kleinsten gemeinsamen Nenner zu würgen.

Wäre es Rot, so bliebe jede Frage aus, was es mit der Liebe zu tun hat. Rot *ist* bekanntlich die Farbe der Liebe. Die Farbe der blutenden Herzen. Die Farbe der romantischen Rosen. Die Farbe des reizvollen Fleisches und aller damit verbundenen leiblichen Lüste. Die Farbe emotionaler Temperaturveränderung im Thermometer Gesicht.

Wäre es Blau, so wäre ein gewisser Konsens vorhanden, wieso man sie in Liebe vermischt sehen kann.

Blau ist bekanntlich so manch Beginn einer Liebe, sei es, daß aus einer beschwipsten Schwärm-muserei eine Seriengeschichte wird, daß in blauäugigster Manier das braun- oder grünirisierende Auge Charakter und Äußeres eines Verschauobjektes in attraktive oder zumindest akzeptable Formen transformiert. Blau als Symbolfarbe der Romantik ist untrennbar von Liebe.
Es ist aber so, daß der Waschtrog weder rot noch blau, sondern eben grün ist.

Eine erste Erinnerung zum Erkennen der Fäden: „Es grünt so grün, wenn Spaniens Blüten blühen", heißt es in einer psychologisch hochinteressanten Geschichte von einem alternden Professor, der sich eine ungebildete junge Frau zur idealen Gefährtin zu erziehen trachtet. Grün ist im Verlauf des Dressuraktes, dem das Mädel von der Straße unterworfen wird, ein wesentliches Wort. Bildung soll sie erwerben, um als Objekt der Liebe würdig und vorzeigenswert zu sein. Man kann aus dieser Pygmalionvariante den unoriginellen Schluß ziehen, daß Liebe zwar was mit Bildung und also mit Kultur zu tun hat, jedoch nichts mit Intelligenz – zwar mag, wer will, nun einwerfen, daß in dem Satz „Es grünt so grün, wenn Spaniens Blüten blühen" eine nicht nur logische, sondern auch wahre Aussage steckt, aber wir können dennoch erkennen, daß der Intelligenzaufwand weder der Schülerin noch des Lehrers ein notwendig herausragender ist. Daß es dann flugs auf die Liebe zugehen soll, verdrängen übrigens beide gleichermaßen. Jedoch: Das Spannungsfeld Kultur/Natur, das sich aus der Konfrontation der „natürlichen" Frau von der Straße mit dem kultürlichen Professor bereits andeutete, führt uns wellenartig zum Waschtrog zurück.

Wie die kulturgeschichtlichen Ausführungen bereits bewiesen haben, ist der Trog pures Produkt kultureller Bestrebungen. Kultur aber ist immer im Gegensatz zur Natur konstruiert. Levi-Strauss, einer der alten Männer des Strukturalismus, hat als Kriterium der Unterscheidung zum Beispiel den Gegensatz *roh* und *gekocht* in den Mittelpunkt des

wissenschaftlichen Interesses gerückt. Roh entspricht einem kulturlosen Zustand, während jene, die Gekochtes schmausen, für sich die höhere Stufe der Menschwerdung in Anspruch nehmen dürfen. Modeessen, wie etwa (vor dem Rinderwahnsinn noch in ordinär gehobenen Kreisen üblich) Beef tatare oder Rohkostbuffets, dienen dabei als erinnerungsbildende Überbleibsel früherer Essensbräuche.

Da das Polaritätsdenken äußerst anregend und auch erfolgreich ist, erspart es doch das Denken von Graustufen, wurde neben roh und gekocht eine Reihe weiterer Gegensatzpaare ins Zentrum von weitreichenden Überlegungen gerückt. Nicht zu verheimlichen ist, daß die meisten, die den Gegensatz von Kultur und Natur spiegeln sollen, zwar für eine oder mehrere spezielle Gesellschaften schon, für andere aber nicht zutreffen. Aber ein Standardgegensatzpaar wurde konstruiert, das für alle Gesellschaften gleichermaßen analog zum Natur-Kultur-Verständnis angewendet wird: Frau-Mann.

Amerikanische Anthropologinnen haben bereits in den Siebzigerjahren dieses Jahrhunderts kritisiert, daß die Konzepte männlicher Kollegen immer wieder die Frau mit der Natur gleichsetzten, während den Männern die Rolle der Kulturbringer und -erhalter nicht nur von vielen ethnischen Mythen, sondern vor allem von den Wissenschaftsmythen auf den Leib geschrieben wurde. Die Ethnologinnen haben in einigen Fällen aufgezeigt, daß von Ethnologen mit den Feldforschungsdaten – na sagen wir: sehr salopp umgegangen wurde. Die eigene Vorstellung von Ehre, in dringenden Fällen auch von Lüge und Scham, wurde phantasievoll in Daten eingeschrieben, von denen manche hochstaplerisch gänzlich der eigenen Ideenwelt entstammten und vor dem eigenen Gewissen, oder was dafür gehalten wurde, in der Hoffnung auf Erhaltung der persönlichen Ehre (auf dieses erstaunliche Metaebenenkonstrukt gehen wir weiter unten noch ein) gerechtfertigt werden bis zur und dreist auch noch nach der Aufdeckung von abgrundtiefen „Ungereimtheiten". Eigene Wertvorstellungen werden in solchen Konzepten gerne auf die fremden Kulturen projiziert. Tatsächlich sind wir hier einem psychologisch faszinierenden Phänomen auf der Spur, weil der Kampf der Kultur gegen die Natur in der Gleichsetzung dieser Konzepte die Angst der Männer vor den Fraueen öffentlich macht. Die Frauen werden von den Wissenschaftern der Natur gleichgesetzt, weil Abgrenzung gerne mit eigener Aufwertung verbunden wird. *Und außerdem hat Gott seinem Ebenbild aufgetragen, sich die Erde (= Natur) untertan zu machen.* Achtung! Die Baustelle ist noch in Betrieb!

Unkontrollierbares – manch natürliches Phänomen möchte einem fast so vorkommen – verunsichert die Menschen. Deshalb ist vor allem die Grüne Grenze extrem schwierig zu kontrollieren. Männliche Konzepte sind damit beschäft, Grüne Grenzen völlig aus der Welt zu schaffen: der republikanische Präsidentschaftskandidat Bob Dole, der zwar in der Wählergunst bei den Männern die Nase vorne hat, bei den Frauen aber kein Leiberl reißt, phantasiert von einer Tausende Kilometer langen Mauer zwischen den USA und dem Nachbarn Mexiko. Dieses Projekt, das offensichtlich jeder weiblichen Vernunft entbehrt, aber viel männliche vereinigen kann, hätte gewiß seinen Kuriositätswert, der aufgrund der Gigantomanie („Ist meiner wirklich der größte? Am Zugsklo bringe ich ihn, wenn ich mich hinsetze, fast nicht in die Klobrille hinein …") trotz allem auch Prestige und Ehre bringt.

Doch zurück zum Grün. Der Trog symbolisiert nicht nur, er *ist* buchstäblich Ausdruck der Kultur. Die Farbe Grün hingegen steht für das Unkontrollierbare, für das Im-Wachsen-Begriffene. Es grünet und sprießet allerortens – und nicht nur anläßlich eines Verführungsaktes stellvertretend in Spanien. Grün steht für das Triebhafte.
Liebe. Jenseits biochemischer Reaktionen ist sie nicht nur der Drang der Triebe, sondern vor allem der sozial geleitete Umgang mit diesen Trieben. Das Grün des Waschtroges – stellen Sie es sich vorerst einmal als grünen Anstrich an der Außenseite vor. Das Grün des Waschtroges ist also das weibliche Element und der verbliebene Rest Natürlichkeit angesichts jahrzehntausendealter Beeinflussung sozialen Verhaltens zugunsten dieser Triebe.
Da die Frauen den grünen Anstrich darstellen, ist das männliche Prinzip als Trog oder Kübel wiederzufinden. Männer sind nun eben einmal das stabile Element der Kultur, sind, woran anzulehnen Sicherheit gibt – soweit frau dabei nicht auf der Seife steht.
Daß Frauen mehr was fürs Auge sind als Männer, brauchen wir Ihnen ja nicht erst zu erzählen, Sie sind ja auch trainiert im Betrachten körperlicher Objekte. Frauenanteil ist die Schönheit, die Farbe

im Leben, die Buntheit – und der vibrierende Hinweis auf das Wilde.
Auch in der Bibel findet sich eine leicht decodierbare Verkleidung der Waschtrogsymbolik. Im 2. Kapitel des Buches Moses finden sich folgende Hinweise:
Vers 21: So ließ Gott, der Herr, nun auf den Menschen fallen einen tiefen Schlaf. Und als er schlief, nahm er eine von seinen Rippen und schloß dafür Fleisch ein.
Vers 22: Und diese Rippe, die er genommen hatte von dem Menschen, bauete Gott, der Herr, zu einem Weibe, welches er dem Menschen zuführte.

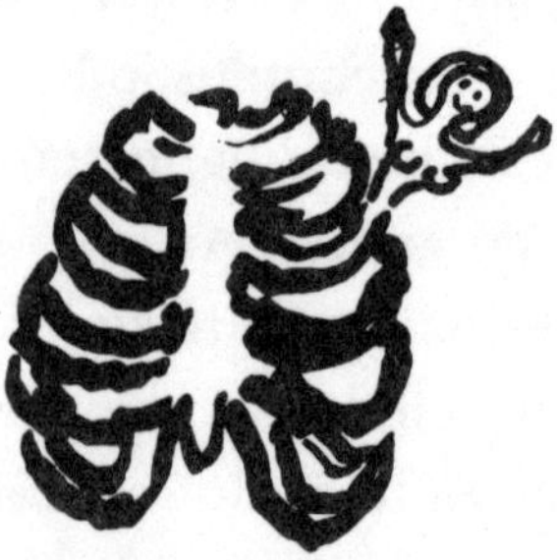

Nichts an diesem Text interessiert uns in diesem Zusammenhang als die Tatsache, daß Adams harte Rippe überhaupt erst Evas Schönheit ermöglichte. Adam der Trog, Eva der Anstrich.

In unserer westlichen Kultur ist nicht unbedeutsam, daß zwar jede Menge grüner Jünglinge herumkrebsen, jedoch nur Frauen zum Erblühen kommen. Männer erblühen nie, ist Ihnen das schon aufgefallen? Leider wechseln sie oft vom grünen Jüngling ins ergraute Greisenalter über. Frauen wiederum dürfen auch grün sein: Als grüne Witwen erleiden sie ein Los, das sie zum Freiwild für Casanovas und andere Gelegenheitsbezieher macht. Der Begriff grüne Witwe wird übrigens besonders häufig für vernachlässigte Frauen in Satellitenstädten und Großsiedlungen verwendet, also für solche Frauen, die in keiner Weise mit einem grünen Umfeld gesegnet sind. Grün sind sie wohl, weil keine Sonne sie zum Erblühen bringt, vielleicht aber auch, weil sie in männlicher Vorstellung unkontrollierbar sind (eine Mauer muß her!). Einer, der noch grün hinter den Ohren ist, hat zwar noch Chancen, diesen Zustand dereinsten hinter sich zu lassen, jemand allerdings, der bereits grün aussieht, hinterläßt wahrscheinlich bald etwas anderes. Mit dem Grün hinter den Ohren hat unzweifelhaft auch der Ausdruck der Grünen Hochzeit zu tun, die im Idealfall zwischen zwei Frischgefangenen stattfinden soll und wo alles sich aufs Blühen hin zu entwickeln hat. Daß es das

dann oft nicht tut – oder doch nur kurze Zeit – bewirkt, daß manche Frauen verblüht aussehen, ehe sie auch nur eine Blütezeit erlebt haben.
Der Mann im grünen Kleide will sich hingegen tarnen, weil er gegen die Natur zu Felde zieht und auf grüner Flur versucht, sein Vernichtungswerk zu plazieren.

Vergessen wir nicht aufs Giftgrün. Erneut wird, ausgehend von der ursprünglich positiv besetzten Farbe, ein Gegensatz konstruiert. Alten und neuen Forschungen zufolge werden Giftmorde vor allem von Frauen verübt. Während vordergründig Frieden bewahrt wird und dem Opfer unter freundlichen oder sogar liebevollen Gesten Speisen und Trank verabreicht werden, brodelt im Herzen der Giftmörderin bereits unbändiger Haß oder auch schnöde Gier nach materiellem Gut. Sollte die Sozialisation, die Frauen aufs Geleis der Fürsorge und das Erhalten des häuslichen Friedens stellt,

Ursache für dieses hinterhältige Agieren sein? Immerhin, das Opfer lebt bis zuletzt im himmlischen Glauben an die häusliche Harmonie …

Es scheint aus diesem minimalen Sammelsurium von Hinweisen auf männliches und weibliches Verhalten jetzt nur einen, und vor allem unseren Kurzschluß zu geben, nämlich daß Männer sich leichter aus den Gefühlen entfernen, die natürliche Triebhaftigkeit hinter sich lassen oder sie nur hinter einer oder mehreren Masken verborgen zulassen können. Es soll sogar vorkommen, daß hinter mehrschichtigen Masken auch schon *gar kein* tatsächlich eigenes Gesicht eines Mannes mehr zu entdecken war, und das Erfinden mehrerer Persön-

lichkeitsbilder für unterschiedliche soziale Beziehungen und die Optimierung der darin angestrebten Ehre plus Belohnung sich aufgrund dieses

Mangels an verbindlicher eigener Persönlichkeit geradezu als Notwendigkeit herausstellte.

Im Bechsteinschen Märchen „Von einem, der auszog, das Fürchten zu lernen" wird die Geschichte eines Mannes erzählt, der eine typische männliche Sozialisationsdeformation aufweist: Er ist zu wirklich intensiven, ihn hinwegwogenden Gefühlen unfähig. Welchen Schrecken und Schauern er sich auch aussetzt, nichts vermag ihn zu beeindrucken, und daß er dadurch die Königstochter gewinnt, ist auch kein Zufall: Der coolste Typ liegt bei den Prestigerennen immer vorne. Die Königstochter, ihrerseits typisch Frau, ist über die Coolness ihres Angetrauten nicht erfreut. Wir können erahnen, wie es in dieser Beziehung zugegangen sein muß, daß sie die Dienerin um Hilfe bittet! Jetzt tritt die

Magie der Liebe wieder auf: Um die Sinnlichkeit des Gatten zu wecken, holen die Frauen ein Schaffel Wasser (jawohl, da ist er, der Trog) vom Bach, in dem sich sogar – nicht zufällig! – eine Schar Grünlinge befindet, und überschütten den Mann im Bette mit dem von den Grünlingen durchsetzten Wasser.
Die Therapie wirkt, der bis dato Unsinnliche schreit auf, erlebt das intensive Gefühl – vergessen Sie jetzt bitte nicht die Grünlinge – und ist geheilt. Das vermittelt zumindest das Märchen. Aber bitte, das Genre muß ja ein Korn Illusion im Scheffel haben, sonst wäre es kein Märchen, sondern eine psychologisch brillante Darstellung geschlechtsspezifischen Verhaltens. Übrigens sind die Bechsteinschen Motive auch in der modernen Literatur zu finden. Wenn etwa ein bekannter Dichter, dessen Name die verfeinerte Kombination von Kunst und Männlichkeit zum Ausdruck bringt, „fische grünes land/grünlinge" auflistet in einem poetischen Text, so wäre sogar die Interpretation, mit den Grünlingen seien keine Fische gemeint, sondern, durch die Brücke des Wortes Land bereits weitergedacht, Vögel, einem willigen Germanisten kein Hindernis, unser theoretisches Konzept zu unterstützen. Immerhin wird Vögeln

auch eine sexuelle Symbolik zugesprochen, die wir jetzt der Einfachheit halber *theoretisch* mit Liebe übersetzen.

Daß im Märchen die Frau zum Trog greift und auf Grün nicht vergißt, beweist die alte Kenntnis vom engen Zusammenhang zwischen den beiden. Und daß sie es der Liebe wegen tut, führt uns zum Thema zurück.

Grün ist eine extrem widersprüchlich besetzte Farbe. Einerseits banal politisch zuordenbar, transportiert sie den Himmel für ökologisch Denkende. Als Farbe der Vegetation steht sie im ureigensten Sinn für Wachstum – und ist dergestalt berechtigt zunehmend auch suspekt: Unkontrollierbares, ungesundes Wachstum führt zum Infarkt, zum Systemzusammenbruch.

Allerdings: Wesentlich leichter ist in unserer Gesellschaft ein Systemzusammenbruch allerdings aufgrund von Ehrverlust in Aussicht zu stellen, weshalb ÖkologInnen und ÖkonomInnen von der Öffentlichkeit im allgemeinen mit verhaltenem Desinteresse angehört werden, PsychologInnen und esoterische Fachleute aber, die sich ums Selbstwertgefühl einzelner Menschen kümmern, geschätzt, befragt und gehätschelt werden. Dies ist deshalb so erstaunlich, weil ja de facto in unserer Gesellschaft ein Ehrverlust praktisch unmöglich ist.
Wir sprechen in der Folge nur noch von männlicher Ehre, da hinlänglich bekannt ist, daß Frauen keine zu verlieren haben, während Männer bekanntlich von Ehrencodices so eingeschnürt und zementiert sind, daß Beruf und Privatleben leidvollst davon beeinflußt werden.
Hier nun ein paar Beispiele männlichen Berufs- und Privatlebens: Politiker, die besoffen nicht in der Lage sind, Volksvertretungssitzungen beizuwohnen, wie es ihre gewählte Aufgabe wäre; Schauspieler, die in den Armen einer gekauften Prostituierten überrascht werden, während ihre attraktiven Frauen zu Hause das grüne Witwendasein erleiden; Schriftsteller, die Preise durch die

Einreichung eines gestohlenen Textes gewinnen; Bankangestellte, die überführt werden, telefonisch eine Kollegin über Monate hinweg sexuell belästigt zu haben; Universitätsangestellte, die für die Studentenschaft Revolutionäre wider das Establishment spielen, aber gleichzeitig beharrlich an ihrer Ernennung zum Professor mit konkret phantasierten Demütigungs- und Hinausekelszenarien, besetzt mit derzeitigen MitarbeiterInnen und späteren Untergebenen, arbeiten; der Nachbar, der die um zwanzig Kilo schwächere Ehefrau gelegentlich prügelt; der Drogenabhängige, der seiner Freundin bei Gelegenheit das mühsam erarbeitete Haushaltsgeld aus der Wohnung stiehlt – denken Sie an alles, was Ihnen so spontan einfällt. Ja, diese Vorfälle passieren. (Selbstverständlich könnten Sie jetzt am Rand des Buches mit Bleistift eintragen, wer Ihnen dazu einfällt, aber wenn Sie ein Mann sind, werden Sie es nicht tun, weil schließlich die Ehre aller Männer beschmutzt würde, würde man zugeben, daß einer aus der Riege schäbig genug für diese Verhaltensweisen ist, und sind Sie eine Frau, werden Sie davon Abstand nehmen, weil der Platz nicht ausreichen würde, alle Versager hier aufzulisten, mit denen Sie, persönlich oder aus Erzählungen von Freundinnen, schon konfrontiert waren.)

Wer von diesen Männern ist aber im männlichen Ehr-System genötigt, sich kritisch mit seinem Verhalten auseinanderzusetzen, weil soziale Sanktionen ihn dazu zwingen? Keiner. Pitt-Rivers hat in den Sechzigerjahren, entsprechend dem Duktus der Zeit, die Ehre als Wert definiert, den ein Mensch für sich selbst empfindet. Natürlich hat er einäugig gearbeitet. Ehre ist in dieser Gesellschaft der Wert, den ein Mann für sich selbst empfindet und den er den Frauen zugesteht. Mag es anderswo auch anders sein: in unserer westlichen Welt gestatten die Männer sich in einem gemütlichen Umgang mit sich selbst eigentlich fast alles, ohne ihre Ehre in Gefahr zu bringen.
Grünlinge, denen männliche Reife noch fehlt, bringen sich vielleicht um, wenn ihnen der Führerschein aufgrund besoffenen Fahrens weggenommen wird oder weil sie ihr geliebtes Auto zuschanden gefahren haben, ohne selbst ebenfalls auf der Strecke geblieben zu sein. Dies scheint aber das

einzige Fehlverhalten zu sein, das Männer in bezug auf die Ehre tatsächlich zu einem Systemzusammenbruch führt. Alles andere schaffen sie in einem höchsten Anpassungsgrad als verzeihbar, vertuschbar und zu vergessen einzustufen.

Darwin hatte recht: *Survival of the fittest.*

Ehre ist daher als reines Herrschaftskonzept in unserer Gesellschaft zu betrachten, benützt zur Abgrenzung und Unterdrückung jener, die am Konzept der Ehre nicht teilnehmen und gerade deshalb damit gemessen werden, während jene, die es benützen, selbst davon unberührt werden. Die Ehre der Männer ist wie des Kaisers neue Kleider: erfunden, phantasiert, unverlierbar und unbeschmutzbar, jedoch von einer geblendeten Gesellschaft hofiert und mit dem Mythos der Wichtigkeit belegt. Weil des Kaisers neue Kleider aber trotz ihrer immensen Beeindruckung der Massen tatsächlich nicht existieren, orientieren wir uns vertrauensvoll am Vorbild des Kindes, das nach der Verkündung der Wahrheit sich abwendet und sich fortan mit Lustvollerem beschäftigt als mit den phantasierten Kleidern. So auch wir: Aus der Erkenntnis, daß die Ehre der Männer eine phanta-

sierte ist, können wir schlußendlich sagen, daß dies auch unsere letzte Auseinandersetzung mit der Ehre der Männer war. Es wäre doch sinnlos, die Zeit mit etwas zu verplempern, von dem man schon weiß, daß es gar nicht existiert.

Nach all diesen fundamentalen und wissenschaftlich fundierten Ausführungen bleibt es Ihnen überlassen, wie Sie Ihren weiteren Lebensweg pflastern: mit den verlogenen Rosen der Illusion oder einem neu aufkeimenden (grünenden) Bewußtsein von den Sie umzingelnden Schwierigkeiten.
Frauen sollten sich vergegenwärtigen, daß sie es nun einmal mit ehrlosen Gesellen zu tun haben,

Männer mögen bedenken, daß Frauen seit geraumer Zeit sogar eine Seele besitzen.
Wenn Sie es schaffen, in den Zustand der Gnade zu gelangen, der da heißt: *ich erwarte mir gar nichts mehr,* kann es Ihnen möglicherweise gelingen, sich fröhlich in Ihrer Existenz zu suhlen, wie das Schwein im …
Viel Spaß!

Nachwort

von Werner Herbst* und Gerhard Jaschke**

* Werner Herbst, Jahrgang 1943, Wiener, Lyrik, Prosa, Hörspiel, Sehtexte. Zahlreiche Veröffentlichungen (zuletzt: *Zwischendort; das Apfelmas; bist du's; alphabet*) zahlreiche Gemeinschaftsarbeiten mit Gerhard Jaschke (z. B.: *Vom Häkchen zum Haken*). Verleger der *Herbstpresse.* Ausstellungen.

** Gerhard Jaschke, Jahrgang 1949, Wiener, literarisch-künstlerisch seit Beginn der 70er Jahre tätig. Zahlreiche Veröffentlichungen (zuletzt: *Letternbretter; Der Rede Wert; Von mir aus; Treues Steuer*), zahlreiche Gemeinschaftsarbeiten mit Werner Herbst. Herausgeber der Zeitschrift *Freibord,* Lehrtätigkeit an der Akademie der bildenden Künste in Wien.

Vom Pritscheln im Waschtrog und anderem mehr
oder
Über innovative Produkte für den freien Markt

: Versuch dir doch einmal vorzustellen, du verliebtest dich.
: Das ist aber echt schwer, es könnte jedoch gelingen. Genauere Hinweise hätt' ich schon ganz gern.
: Na gut. Elegant, sportlich, offen, dynamisch, pflegeleicht, ohne Ablaufdatum, deine Investition amortisiert sich innerhalb kürzester Zeit.
: Dank deiner Hinweise kenn' ich mich immer noch nicht aus.
: Ah ja, das Baujahr ist gewiß auch zu bedenken. Ferner das Design, die Länge, die Breite ...
: Ich soll mich demnach in etwas Zweidimensionales, in etwas Flaches verlieben? Kann ich mir das leisten?
: Du kannst, selbst bei Nachlieferung einer Höhe.
: Bitte, bitte, nicht zu hoch, sonst sprengt das noch meine Zimmerchen.
: Laß es doch im Freien!
: Nie und nimmer! Wenn ich mich der Mühe unterziehe, etwas zu lieben, dann hat das ständig um mich zu sein.

: Du nimmst die Harley mit ins Bett? Du hockst dich beim Fernsehen auf sie? Du schnarchst ihr was vor? Du pritschelst mit ihr im Gebinde der Freude?
: Doch nicht mit der Harley! Die ist zu groß, zu schwer!
: Gut, versuch's mit etwas Handlicherem!
: Schon, schon, dann ist's jedoch aus mit der Ruhe.
: Du willst doch nicht behaupten wollen, daß ein leerer Vogelkäfig lauter ist als eine Harley?
: Soll ich einen Vogelkäfig mit ins Bett nehmen, mich beim Fernsehen auf ihn hocken, ihm was vorschnarchen, mit ihm im Gebinde der Freude pritscheln?
: Du versteigst dich immer in Extreme. Gibt es nicht mehr den goldenen Mittelweg, zumindest nicht noch etwas anderes außer verrosteten Gitterstäben und einem heißen Drahtesel?
: Aha, auf einmal sind die Fenster blitzblank, das Essen wohl bereitet, die Hosen gestärkt und gebügelt, alle Knöpfe angenäht, das Bettzeug gelüftet, die Schnapsgläser stets sauber und alles andere selbstverständlich auch: von Ohr zu Ohr, von Bettkante zu Bettkante, vom Gummibaum zur Schneekugel, von den Plastikrosen zu den …
: Und du bist verliebt. So einfach ist das.

: Das hätt' ich mir nie vorstellen können. Und wo bleibt die Dankbarkeit für das alles? Die Würdigung für das Aufopfern? Man braucht's zwar nicht, aber man hat dankbar zu sein. Und das obligatorische schlechte Gewissen! Da gibt es Gasthäuser, Änderungsschneidereien, Putzanstalten, Geschirrspüler, aber nicht für mich, ich habe zu lieben – und wie!
: Du weißt doch, der Mantel der Liebe bedeckt alle Fehler. Selbst die größten.
: Etwa gar meinen Kotbauch? Meinen Achselschweiß? Meinen Fußpilz? Meinen Kontostand?
: Alles wird zugedeckt, einfach alles, stülp den Waschtrog drüber, und alles ist gut.
: Mach dir keine Sorgen, du bist ja nicht die Mutter!

Was DIE LIEBE doch ALLES ist!

Wir wissen es (zumindest seit Schwitters): alles stimmt, aber auch das Gegenteil. Deshalb und desganz geben wir jedem recht. Warum also nicht ein grüner Waschtrog! Oder doch ein blauer? Eine grüne Gießkanne könnte freilich genausogut als Metapher für die Liebe herhalten, meinen zumindest wir. Haben wir die Liebe aber schon im Griff, rahmen wir sie?

Als Sammelbegriff für eine Vielzahl menschlicher Gefühlsbindungen, denen die rational nur unvollständig begründbare Wertbejahung eines Subjekts oder Objekts zugrunde liegt, und die als ein die eigenen Belange überschreitendes Hinstreben nach wirklicher oder ideeller Vereinigung mit dem Gegenstand werden, wird die Liebe im Brockhaus verstanden. Auch eine Möglichkeit, gewiß. Ist uns aber nicht doch der Waschtrog weit näher?
Was aber steht im KURIER vom 11. Februar 1996 zu lesen, noch dazu auf der Kulturseite? „Die Liebe ist ein Bienenstich!" Und so fest hatten wir schon am grünen Waschtrog festgehalten, dachten, nun seien alle Rätsel gelöst, alle Fragen hätten sich auf immer verflüchtigt; und schon kommt der KURIER daher!
Könnte die Liebe nicht noch viel mehr oder viel anderes sein? Dieses abgedroschene Wort mit fünf Buchstaben! Da sieben senkrecht, dort drei waagrecht. Anagrammiert wird sie zu Bleie, beileibe. Ja klar, leicht wie Blei kann die Liebe sein, aber auch schwer wie eine Flaumfeder.
Karl Kraus hat schon wieder einmal recht, wenn er schreibt, daß in der Liebe jener der Hausherr ist, der dem anderen den Vortritt läßt. Hausherr, Vortritt? Da darf man sich ruhig aufs neue mit einem grünen Waschtrog einlassen, ihn ausfüllen, sich

schrubben lassen oder selber schrubben, die bessere Hälfte und diverse Gäste. Doch irrt frau da nicht ziemlich, so sie ihn als ein Gefäß der Freude nützt? Liegt es am hoffnungsfrohen Äußeren, das wunderbar zu blenden versteht?
Zurück zur Liebe! Auf der Stelle! Als sie noch als kosmisches Prinzip galt, etwa bei Pascal, oh Agape. Wie lieb ist uns doch die gelegentliche Verwendung eines Vokativs! Und wir erinnern uns an die schöne, begehrliche Anna Blume, oh du Geliebte unserer siebenundzwanzig Sinne! Wir lieben dir!
Wer liebt, haßt und umgekehrt, sagen sogar wir, liegen doch nach Aussagen von angeblichen Experten für Waschtröge und Artverwandtes in unserem Hirnkastl die dafür zuständigen Organe recht eng beisammen – und befreiten wir uns von beidem, der Liebe und dem Haß, was käme da schon heraus? Eine Wurstigkeit sondergleichen! Dann wäre die Liebe kein Raubtier, sondern ein braver Mops, der bestenfalls ein Lackerl auf seines Herrls Hoserl macht.
Schweifen wir aus, ergehen wir uns in Exkursen, verplempern wir die Zeit. Über Liebe spricht man nicht, man läßt sie stattfinden, weiß Walter Serner.

Die Autorinnen

Barbara Neuwirth (links) und Sylvia Treudl
Foto: Karin Ballauff

Die beiden Schriftstellerinnen Barbara Neuwirth (* 1958) und Sylvia Treudl (* 1959) arbeiten seit mehr als zehn Jahren gemeinsam als Verlegerinnen und Herausgeberinnen im Wiener Frauenverlag – Neuwirth zuständig für Wissenschaft, Treudl zuständig für Literatur. Beide sind in Niederösterreich geboren (in Eggenburg die eine, in Krems die andere) und haben Kindheit (in Drosendorf die eine, in Krems die andere) und Jugendzeit (in Krems die andere) verlebt. Auf ging's nach Wien (für beide). Beide studierten da, wenngleich unterschiedliche Studienrichtungen (Geschichte und Völkerkunde die eine, Politikwissenschaft und Japanologie die andere), und leben nunmehr sowohl in Wien (in der Josefstadt die eine, am Alsergrund die andere) als auch in Niederösterreich (in Mitter-Retzbach die eine, in Droß bei Krems die andere). Die eine pritschelt gerne in der Wanne, die andere badet auch in der Donau. Beide lieben Blumen, Gärten, Motorräder, Katzen, Comix, Rockmusik, die Literatur und das Abenteuer. Beide lieben Männer (die eine den einen, die andere den anderen). Seit über fünfzehn Jahren publizieren beide Autorinnen ihre literarischen Texte, zuletzt erschienen von Barbara Neuwirth die Novelle *Im Haus der Schneekönigin* im Wiener Frauenverlag und *Dunkler Fluß des Lebens,* Erzählungen, im Insel Verlag. In Vorbereitung ist in der bibliophilen Edition Königstein die Erzählung *Über die Thaya* mit Linolschnitten von Georg Königstein. Von Sylvia Treudl erschienen zuletzt: *Montagmorgen einer Geliebten,* Gedichte, Edition Thurnhof, und *Im schallenden Blau der Liebe,* Wiener Frauenverlag. In Vorbereitung ist der Gedichtband *Quervermessung der Herzenslandschaft,* Herbstpresse. Die zuletzt von den beiden Schriftstellerinnen herausgegebenen Bücher sind: *Schriftstellerinnen sehen ihr Land. Österreich aus dem Blick seiner Autorinnen,* Wiener Frauenverlag (Neuwirth), *Ich trage das Land. Das Frauen-Buch der Ränder,* Wieser Verlag (Neuwirth), *Sidesteps. Texte zum Thema Seitensprung,* Wiener Frauenverlag (Treudl) und *Frust der Lust. Männer, die sich verweigern,* Rowohlt Verlag (Treudl und Neuwirth).